La voluntad de Dios para su *salud*

GLORIA COPELAND

KENNETH

COPELAND

PUBLICATIONS

A menos que se indique lo contrario, las citas bíblicas fueron tomadas de la versión *Reina Valera 1960*.

Las citas marcadas con las siglas *AMP* son traducciones libres de *The Amplified Bible*.

Las citas marcadas con las siglas *Weymouth* son traducciones libres de *The New Testament in Modern Speech by Richard Francis Weymouth*.

La voluntad de Dios para su salud
God's Will for Your Healing
Reprinted from *God's Will for You* by Gloria Copeland

ISBN 978-0-88114-313-3   30-0503S

18 17 16 15 14 13   7 6 5 4 3 2

Traducido y editado por KCM Guatemala

Kenneth Copeland Publications
Fort Worth, TX 76192-0001

Para obtener más información acerca de los Ministerios Kenneth Copeland, visite es.kcm.org o llame al 1-800-600-7395 (sólo en EE.UU.) o al +1-817-852-6000.

Índice

Introducción

Es importante que usted tenga la plena seguridad de que la voluntad de Dios es sanarlo. Si esta revelación no se establece en su mente y en su espíritu, actuará como una persona de doble ánimo y titubeante cada vez que necesite recibir sanidad. En las Escrituras se nos afirma que una persona de doble ánimo no recibirá nada del Señor (Santiago 1:6-8).

> *Es importante que usted tenga la plena seguridad de que la voluntad de Dios es sanarlo.*

La Palabra de Dios, referente a la sanidad, debe habitar en su interior. Usted tiene un pacto con el Señor, el cual incluye salud divina —todo cristiano tiene ese pacto—. El problema radica en que la mayoría de los creyentes desconoce que la sanidad le pertenece.

El Espíritu Santo, por medio del profeta Oseas, afirma: *«Mi pueblo fue destruido porque le faltó conocimiento...»* (Oseas 4:6). Con respecto a la sanidad, este versículo, literalmente se ha cumplido. Los cristianos han permitido que las dolencias y la enfermedad destruyan sus cuerpos. Sin embargo, en la Palabra se afirma que por Su llaga fuimos sanados (1 Pedro 2:24). Los creyentes están siendo destruidos físicamente debido a que ignoran la Palabra referente a su sanidad.

1 La Palabra es la semilla

En la parábola del sembrador, Jesús nos enseña que **la Palabra de Dios es la semilla** y que el corazón de las personas es la tierra (Marcos 4:14-20). Antes de segar con éxito la cosecha de sanidad, debe sembrar en su corazón la semilla de fe referente a su sanidad; la cual proviene de la Palabra.

En la Biblia, se nos enseña: *«Siendo renacidos, no de simiente corruptible, sino de incorruptible, por la palabra de Dios que vive y permanece para siempre»* (1 Pedro 1:23). La Palabra es la semilla **incorruptible**. Por tanto, ni la enfermedad ni ninguna de las estrategias de Satanás, pueden debilitar o afectar la Palabra; pues ésta posee poder y vida eterna.

Esta semilla incorruptible accionó su poder cuando usted nació de nuevo. La Palabra de Dios, referente a la salvación, fue sembrada en su corazón; y ésta produjo la fe para que usted fuera salvo.

La fe para recibir sanidad surge de la misma forma que surge la fe para recibir salvación —oyendo la Palabra referente a la sanidad—. *«Así que la fe es por el oír, y el oír, por la palabra de Dios»* (Romanos 10:17).

No existe un sustituto para esa semilla —ni siquiera la oración—. La fe viene sólo al oír la Palabra. Orar para recibir fe es una pérdida de tiempo, pues Dios ya le dio a toda persona nacida de nuevo **la medida** de fe (Romanos 12:3). Usted recibió la fe de Dios cuando nació de nuevo.

> *Al oír la Palabra, usted continúa desarrollando la fe para recibir su sanidad.*

Al oír la Palabra, usted continúa desarrollando la fe para recibir su sanidad. Entonces la fuerza de esa fe surge en usted; y de esa manera, puede recibir el poder sanador de Dios en su cuerpo.

La mayoría de los cristianos no tiene problema en creer que son salvos y que irán al cielo. Pues muchas de las enseñanzas que han oído son referentes a la salvación. Esa semilla ha sido bien sembrada, bien cultivada y bien regada. Entonces cuando se les pregunta: "¿Está su nombre escrito en el libro de vida del Cordero?", la mayoría dice, sin vacilar ni dudar: "¡Sí, sí lo está!". Y ¿han visto el libro? "No, claro que no". Pero tienen la confianza de que así es porque se les ha enseñado que su nombre está allí escrito. Aun sin haber **visto** el libro, ellos lo **creen**. Eso es fe en acción.

La fe referente a la sanidad debería desarrollarse en la Iglesia tanto como se desarrolla la fe con respecto a la salvación. Si a la Iglesia se le enseñara lo que se afirma en la Palabra con respecto a la sanidad, los cristianos creerían en su sanidad con la misma facilidad. Sin embargo, en lugar de enseñar y predicar que la sanidad nos pertenece, muchos han enseñado lo contrario.

Es sencillo comprender por qué la Iglesia no ha vivido en salud divina durante todos estos años, aunque ésta ya le pertenezca. Las personas han tratado de enseñar la Palabra de Dios a través del conocimiento humano, en lugar de hacerlo por medio de **Su Espíritu**; y así es como siembran las tradiciones y las semillas de la duda. Jesús afirmó que las personas han invalidado el mandamiento de Dios por su tradición (Mateo 15:6).

Una tradición nos indica que la sanidad sólo era para la Iglesia primitiva en sus inicios y que ahora ya no tiene vigencia. Otra tradición afirma que Dios sana a **algunas** personas, pero usted jamás sabrá si lo sanará a **usted**.

La tradición y el aguijón de la carne

La tradición enseña que el aguijón de la carne de Pablo era una enfermedad. Sin embargo, en la Palabra, claramente se afirma que este aguijón era un mensajero de Satanás —era una persona—. (En otros versículos del Nuevo Testamento, la palabra **mensajero** también es traducida como "ángel").

Observe a este mensajero de Satanás atacar a Pablo una y otra vez en los siguientes versículos: *«Pero viendo los judíos la muchedumbre, se llenaron de celos, y rebatían lo que Pablo decía, contradiciendo y blasfemando. Pero los judíos instigaron a mujeres piadosas y distinguidas, y a los principales de la ciudad, y levantaron persecución contra Pablo y Bernabé, y los expulsaron de sus límites»* (Hechos 13:45, 50).

Después del incidente en Antioquía, los apóstoles se sacudieron el polvo de sus pies y se fueron a Iconio. Hablaron con valentía en el nombre del Señor, y Él respaldó la Palabra realizando señales y maravillas a través de sus manos.

Pero cuando los judíos y los gentiles, juntamente con sus gobernantes, se lanzaron a afrentarlos y apedrearlos, habiéndolo sabido, huyeron a Listra y Derbe, ciudades de Licaonia, y a toda la región circunvecina. Entonces vinieron unos judíos de Antioquía y de Iconio, que persuadieron a la multitud, y habiendo apedreado a Pablo, le arrastraron fuera de la ciudad, pensando que estaba muerto. Pero rodeándole los discípulos, se levantó y entró en la ciudad; y al día siguiente salió con Bernabé para Derbe.

—Hechos 14:5-6, 19-20

Las personas de Antioquía e Iconio, quienes se llenaron de envidia, persiguieron a Pablo en Listra. Pero ellos sólo fueron **instrumentos** usados por la **fuente** de la persecución —el mensajero de Satanás—. Adondequiera que Pablo iba, el espíritu maligno obraba para incitar a las personas contra él. **Éste** era el aguijón en el costado de Pablo.

El Señor le indicó a Moisés que si los Israelitas no sacaban a los habitantes de la tierra de Canaán, éstos los distraerían, serían espinas en sus ojos y aguijones en sus costados (Números 33:55).

De la misma manera, Pablo describe a este ángel del mal como a un aguijón en **su** costado: "… se me ha dado un aguijón en la carne, el ángel de Satanás para que me torture" (2 Corintios 12:7, *Weymouth*). Pablo había recibido una abundante revelación, y Satanás fue a robarle esa Palabra (Marcos 4:15).

Usted actúa en firmeza basado en la Palabra que vive en su interior. Sin embargo, deberá permanecer en fe por cada conocimiento revelado que reciba, al igual que Pablo. Satanás procurará que ningún creyente esté por encima de la medida de la Palabra que en realidad **vive** en ellos. Dios le había dado a Pablo la revelación de la autoridad del creyente. Por consiguiente, él tenía autoridad sobre Satanás en el nombre de Jesús, al igual que usted la tiene hoy. Para obtener resultados, Pablo tuvo que hacer cumplir esta autoridad ordenándole directamente al espíritu maligno que desistiera de sus ataques contra él.

«*Respecto a lo cual tres veces he rogado al Señor, que lo quite de mí*» (2 Corintios 12:8). Si desea resultados, no le pida a Dios que enfrente al diablo por usted. De la misma forma en que Dios le pidió a Moisés que sacara a los moradores de la tierra, le ordena a que saque a los demonios o a los malos espíritus **usted** mismo (Marcos 16:17). «*Someteos, pues, a Dios; resistid al diablo, y huirá de vosotros*» (Santiago 4:7).

Dios le ha dado el nombre de Jesús y la autoridad de usar ese nombre para atar a Satanás y a sus fuerzas. El Señor no enfrentará al diablo por usted, pero cuando usted toma el nombre de Jesús y la Palabra de Dios, y le ordena que detenga sus ataques en su contra, todo el cielo le **garantiza** resultados.

> *Cuando usted toma el nombre de Jesús y la Palabra de Dios, y le ordena que detenga sus ataques en su contra, todo el cielo le garantiza resultados.*

Pablo mismo escribió, por inspiración del Espíritu Santo, en Efesios 6:12: «*Porque no tenemos lucha contra sangre y carne, sino contra principados, contra potestades, contra los gobernadores de las tinieblas de este siglo, contra huestes espirituales de maldad en las regiones celestes*». Háblele directamente a Satanás y a sus demonios en el nombre de Jesús y ¡échelos fuera!

Cuando Pablo le pidió a Dios que apartara al mensajero del diablo de él, el Señor le respondió: «*Bástate mi gracia; porque mi poder se perfecciona en la debilidad...*» (2 Corintios 12:9). El Señor no le dijo que el mensajero no se apartaría, sino que le afirmó: "Mi favor es suficiente. Cuando no tengas la habilidad humana para vencer, usa **Mi** nombre para detener los ataques de Satanás, y **Mi** poder sobresaldrá a tu favor. Mi favor es suficiente. **Tú**, echa fuera al diablo".

El término griego **dunamis**, traducido como *fuerza* en 2 Corintios 12:9, es la misma palabra que se tradujo como *poder* cuando Jesús declaró: «*Pero recibiréis poder, cuando haya venido sobre vosotros el Espíritu Santo...*» (Hechos 1:8). La traducción más literal es *poder*. En la versión *Weymouth*, leemos: "Mi gracia es suficiente para ti, porque el poder es perfeccionado en la debilidad". (Esto es contrario a las enseñanzas de la tradición, las cuales afirman que Pablo no obtuvo la victoria sobre el aguijón de la carne).

Luego Pablo afirmó: «*Y me ha dicho: Bástate mi gracia; porque mi poder se perfecciona en la debilidad. Por tanto, de buena gana me gloriaré más bien en mis debilidades, para que repose sobre mí el poder de Cristo. Por lo cual, por amor a Cristo me gozo en las debilidades, en afrentas, en necesidades, en persecuciones, en angustias; porque cuando soy débil, entonces soy fuerte»* (2 Corintios 12:9-10). El término griego traducido como **debilidades**, significa: "falta de fuerza, debilidad, indicando la falta de habilidad para producir resultados". [1] En 2 corintios 11:23-28, Pablo enumera esos ataques en detalle: ser encarcelado, lapidado, golpeado, náufrago, estar entre muchedumbres molestas; sin embargo, él no menciona a la enfermedad.

Cuando la muchedumbre vino en busca de Pablo para apedrearlo, él no tenía fuerza ni poder en sí mismo para vencer la situación. En dos ocasiones, la gracia del Señor fue suficiente, y él escapó de sus manos.

En Listra, realmente lapidaron a Pablo. Pensando que estaba muerto, le sacaron de la ciudad. Pero Dios había dicho: *«Bástate mi gracia»*, y mientras sus discípulos permanecían a su alrededor, él se levantó y siguió su camino. Él no tenía el poder para detener a la furiosa muchedumbre. Pero cuando estuvo físicamente indefenso, el poder de Dios se manifestó de forma poderosa y produjo una gran liberación para él. Por sí mismo, Pablo no era fuerte; sin embargo, fue fortalecido en el Señor y en el poder de Su fuerza.

El ángel de Satanás, el aguijón en la carne, no pudo triunfar sobre Pablo a través de las circunstancias adversas, pues el poder de Cristo se encontraba sobre él, por lo que declaró: "He aprendido en cualquier y toda circunstancia el secreto para enfrentar cada situación..." (Filipenses 4:12, *AMP*). En el siguiente versículo, Pablo comparte este secreto con usted: "Tengo la fuerza para realizar todo en Cristo que me fortalece, [estoy listo para todo y para enfrentar cualquier cosa por medio de Él, quien me infunde la fuerza interior]".

Cuando Pablo era débil en sus propias fuerzas, era fuerte en Cristo. Debido a estas aflicciones y persecuciones, le escribe a Timoteo: "Persecuciones, sufrimientos; como me ocurrió en Antioquía, en Iconio y en Listra, persecuciones enfrenté, mas de todas ellas el Señor me libró" (2 Timoteo 3:11, AMP).

¡El Señor lo libró de todas ellas! Él vivió y llegó a ser un hombre mayor y después manifestó que no sabía si quedarse o irse para estar con el Señor. Él necesitaba permanecer aquí por el bien de la Iglesia, pero también anhelaba estar con Jesús. Y eligió no dejar este mundo hasta que él y el Señor estuvieran listos. El ángel de Satanás, ese aguijón en la carne del cual hemos escuchado tanto, jamás venció a Pablo ni al poder de Dios. Satanás no pudo hacer más que distraerlo y ser un aguijón en la carne. Pablo era un hombre de pacto; él corrió la carrera y ganó. Predicó la Palabra por todo el mundo, escribió la mayor parte del Nuevo Testamento, y llevó avivamiento adondequiera que iba. Cuando las fuerzas humanas terminan, el poder de Dios sobresale.

El aguijón en la carne de Pablo es otra tradición que Satanás ha utilizado para engañar y robarle a la Iglesia.

La tradición afirma que Dios se gloría de las enfermedades, pues así el mundo ve cómo los cristianos soportan el dolor y la agonía con tranquilidad. (La tradición jamás proporciona la respuesta correcta). Todos saben que en el mundo se encuentra todo el dolor y toda la agonía que pueda haber. Lo que éste anhela es una **salida** de la enfermedad, y no una **entrada** a ésta. Al mundo no le atrae el sufrimiento, pero a través de la tradición, Satanás le ha vendido sufrimiento a la Iglesia como si fuera la voluntad de Dios.

Sin la semilla de la Palabra referente a la sanidad viviendo en su interior, usted estará indefenso ante el diablo y la enfermedad. Y si le permite a las tradiciones de las personas usurpar la autoridad sobre la Palabra, seguirá indefenso ante la enfermedad, y Dios no podrá hacer nada por usted —es decir, usted "invalidará" la Palabra en su vida—.

> *La Palabra de Dios es la semilla incorruptible. Satanás no posee el poder para detenerla.*

La Palabra de Dios es la semilla incorruptible. Satanás no posee el poder para detenerla, tampoco la enfermedad tiene el poder para vencerla. En su vida, sólo **usted** tiene el poder para impedir que la Palabra actúe.

Deshágase de lo que la tradición le ha enseñado. De todas formas, su corazón no está de acuerdo con ésta. Observe que sólo Satanás podría ser la fuente de las creencias de derrota y sin poder que le han vendido a la familia del Dios todopoderoso.

Mientras estudia la Palabra referente a la sanidad, la semilla incorruptible de la Palabra eliminará la duda y la tradición que le han enseñado.

Un estudio del corazón

«Y el mismo Dios de paz os santifique por completo; y todo vuestro ser, espíritu, alma y cuerpo, sea guardado irreprensible para la venida de nuestro Señor Jesucristo» (1 Tesalonicenses 5:23).

Una persona **es** un espíritu. Tiene un alma compuesta de sus facultades de razonamiento, voluntad y emociones; y vive en un cuerpo físico.

El corazón de una persona es su espíritu. Su espíritu es su verdadero ser. (¿**Tiene** usted a un humano? No, usted **es** un humano. Usted no **tiene** un espíritu, pues **es** espíritu).

Las personas piensan que sólo son un ser con un cuerpo, debido a que no pueden ver su espíritu con sus ojos naturales. Sin embargo, para entender las cosas espirituales, es importante que comprenda que **usted es un espíritu.**

Esta "nueva criatura" o "la persona escondida en el corazón", como se le denomina en las Escrituras, es el espíritu, el ser verdadero. Ésta es la parte de usted que fue recreada en la justicia de Dios cuando nació de nuevo. Su mente y su cuerpo no fueron hechos nuevos, pero **usted** (la persona) sí lo fue: *«De modo que si alguno está en Cristo,* **nueva criatura es;** *las cosas viejas pasaron; he aquí todas son hechas nuevas»* (2 Corintios 5:17).

«Sino el interno, el del corazón, en el incorruptible ornato de un espíritu afable y apacible, que es de grande estima delante de Dios» (1 Pedro 3:4). El ser verdadero se encuentra escondido de los ojos naturales. Usted sólo puede ver el cuerpo. Pablo se refiere al cuerpo como "la vestidura del espíritu" y como " la tienda, la cual es nuestro hogar terrenal" (2 Corintios 5:1-8, *AMP*). Su cuerpo es una **envoltura** para su espíritu.

En el mismo texto, Pablo habla acerca de estar ausente del cuerpo y estar presente con el Señor. Cuando el ser, o el espíritu, deja el cuerpo; éste muere. El espíritu es la vida del cuerpo. Éste puede vivir de forma independiente al cuerpo, pero el cuerpo no puede vivir sin el espíritu.

El espíritu no muere. El espíritu de alguien vivirá para siempre, ya sea con su dios Satanás o con el Señor Jesucristo. Cuando una persona muere, no deja de existir; simplemente deja de vivir en el cuerpo físico.

A ese espíritu se le llama el corazón de una persona, pues es el núcleo o el centro de su ser. El corazón de un árbol es el centro de ese árbol. Al corazón de una sandía se le llama así porque es el centro de la misma. (¡Y no porque produzca jugo de sandía!). Cada vez que en la Biblia se habla del corazón, no se refiere al bombeo físico de sangre; sino al ser verdadero o al espíritu.

Primero, siembre la semilla

Muchas personas intentan obtener una cosecha de sanidad sin sembrar primero la semilla. "Si alguien no está seguro que —de acuerdo con la Palabra la voluntad de Dios es sanarlo; intentará obtener una cosecha donde nunca se sembró una semilla".[2]

Imagínese a un granjero en el tiempo de la siembra sentado en la entrada principal de su casa diciendo: "Creeré por una cosecha este año. Yo creo en las cosechas y sé que son reales, pero no sembraré las semillas. Simplemente creeré".

A menos que este granjero siembre la semilla, no tendrá un cimiento para su fe. No importa cuánto intente creer, no tendrá nada en la tierra que le produzca la cosecha.

Si no fuera por la semilla que el agricultor siembra, no tendría fundamentos de fe.

Incluso si usted cree en la sanidad, sin la semilla de sanidad de la Palabra sembrada en su corazón, no tendrá nada para que la cosecha pueda producirse. Es decir, no tendrá el fundamento básico de la fe. Ni usted ni el granjero obtendrán la cosecha, a menos que primero siembre la semilla.

Creer en la sanidad no es suficiente. Debe **saber** que es la voluntad de Dios que **usted** esté sano.

Permita que la semilla de fe de la Palabra referente a su sanidad sea sembrada en usted, y podrá segar con éxito la cosecha de sanidad.

Por medio de la Palabra, usted puede saber; sin duda alguna, que la inalterable voluntad de Dios para usted es estar sano.

Su corazón es la tierra

En las Escrituras, se nos afirma que Dios da semilla al que siembra (2 Corintios 9:10). Él ya le ha dado a usted la semilla incorruptible —Su Palabra—.

Y no sólo le ha provisto la semilla, sino también ha preparado la tierra. El corazón de una persona es la tierra en la cual la semilla de la Palabra se siembra. Cuando usted nació de nuevo por medio de Su Espíritu Santo, su corazón fue creado a Su imagen: *«Y vestíos del nuevo hombre, creado según Dios en la justicia y santidad de la verdad»* (Efesios 4:24).

En una época, su corazón era corrupto. Usted poseía la naturaleza de la muerte espiritual y ésta sólo puede producir pecado. Ahora, usted es una **nueva** persona creada a imagen de Dios.

«Al que no conoció pecado, por nosotros lo hizo pecado, para que nosotros fuésemos hechos justicia de Dios en él» (2 Corintios

Dios pagó un gran precio para hacer de usted una buena tierra para Su Palabra.

5:21). Dios pagó un gran precio para hacer de usted una buena tierra para Su Palabra. A través del sacrificio de Su hijo Jesús, Él **lo hizo** a usted la justicia de Dios.

La buena tierra de su corazón fue creada por Su poder, a fin de que ahí habitara Su Espíritu y Su Palabra. Y no sólo eso, sino que la fuerza de la fe nació dentro de esta nueva criatura.

Si usted ha nacido de nuevo, entonces tiene fe. Quizá no ha sabido cómo usarla, pero ésta nació en su interior. Ésa es la misma fe con la que Dios creó al mundo. Es a través de esta fuerza, la cual proviene del corazón de la Palabra, que la semilla produce fruto.

Jesús nos enseña algunas cosas muy importantes referentes a la buena tierra del corazón y de la semilla de la Palabra.

Satanás es quien roba la Palabra

«El sembrador es el que siembra la palabra. Y éstos son los de junto al camino: en quienes se siembra la palabra, pero después que la oyen, en seguida viene Satanás, y quita la palabra que se sembró en sus corazones» (Marcos 4:14-15).

La Palabra fue sembrada y entró en el corazón. Ésta es la semilla incorruptible y producirá según su especie, pero los creyentes le permitieron a Satanás que les robara la semilla de su corazón.

El enemigo roba la Palabra por medio de la duda, de la incredulidad y de la tradición. Realiza todo según su poder para impedir que la Palabra habite en su corazón, a fin de mantenerlo a usted improductivo. La semilla fue extraída de la tierra, por tanto, no producirá una cosecha y la obra de Satanás continuará sin ser estorbada.

Los pedregales

«Estos son asimismo los que fueron sembrados en pedregales: los que cuando han oído la palabra, al momento la reciben con gozo; pero no tienen raíz en sí, sino que son de corta duración, porque cuando viene la tribulación o la persecución por causa de la palabra, luego tropiezan» (Marcos 4:16-17).

Los pedregales no permiten que la semilla se enraíce. Estas personas creyeron en la Palabra **hasta** que los problemas surgieron. Entonces no tuvieron la confianza para **actuar** de acuerdo con la Palabra, y ésta no se enraizó.

Cuando usted recibe conocimiento revelado de la Palabra, Satanás lo probará e intentará robarle esa Palabra de su corazón. Si una semilla no se encuentra en la tierra, no puede producir fruto. La Palabra no representa una amenaza para el diablo sino hasta que es depositada en el corazón de las personas.

La Palabra no representa una amenaza para el diablo, sino hasta que es depositada en el corazón de las personas.

Observe que en estos versículos se afirma que la aflicción surge **por causa de la Palabra**. Cuando usted recibe la Palabra de sanidad, Satanás intenta enfermarlo para que usted se ofenda y deje escapar la Palabra que fue depositada en su corazón. El enemigo **tratará** de enfermarlo, pero **no podrá** si usted lo resiste. No obstante, si se permite a sí mismo ser un pedregal, cuando los problemas vengan a su vida se ofenderá y la Palabra decrecerá. Y dejará que ésta se marchite en su corazón antes de que pueda enraizarse.

Cuando los sentimientos o las circunstancias parezcan contrarios a la Palabra que fue sembrada, estas personas dejan ir la Palabra y creen en lo que pueden ver.

Espinos en el corazón

«Estos son los que fueron sembrados entre espinos: los que oyen la palabra, pero los afanes de este siglo, y el engaño de las riquezas, y las codicias de otras cosas, entran y ahogan la palabra, y se hace infructuosa» (Marcos 4:18-19).

Sea cauteloso con las espinas de la vida. Los afanes de este mundo, las decepciones de las riquezas y los deseos por otras cosas, pues son armas peligrosas que el enemigo utiliza. Éstas entran en el corazón y ahogan la Palabra hasta que ésta no puede producir.

Estas personas le han entregado su mente, su vida y su energía a los afanes de este mundo; a fin de buscar las riquezas y los deseos de la carne. Se han enfocado y han buscado lo que satisface a la carne. En la Palabra, se nos enseña que el ocuparse de la carne es muerte (Romanos 8:5-6).

Las espinas en el corazón son mortales.

Esto es todo lo opuesto a lo que Dios le indicó a Josué, a fin de hacer prosperar su camino y tener éxito. Él le ordenó que meditara en Su Palabra de día y de noche para establecer su mente en la Palabra.

A usted, al igual que a Josué, se le aconseja que enfoque su mirada en las cosas de arriba; y no en las que son de la Tierra (Colosenses 3:2). ¡Sí! Ésa es una gran ventaja para usted, pues ocuparse del espíritu es vida y paz (Romanos 8:6). Nosotros contamos con la Palabra para que cuando nos enfermemos busquemos primero Su reino, y todas las demás cosas nos sean añadidas (Mateo 6:33).

La misma fórmula que Dios le dio a Josué aún funciona en la actualidad. Él le ha entregado la fórmula para el éxito, le ha dado la semilla y ha preparado la tierra de su corazón para recibir esa semilla; sin embargo, debe usar la fórmula.

Controle sus emociones. Lograrlo depende de su voluntad. Aparte su mente de las cosas que satisfacen a su carne (sus cinco sentidos), y establézcala en las cosas que agradan al espíritu. Dios **no puede** realizarlo por usted.

En todas estas ilustraciones, la tierra no ha sido lo que ha impedido que la Palabra produzca fruto, sino las cosas que permitimos que entren en la tierra —Satanás, las piedras y las espinas—.

Déle a la Palabra el primer lugar en su vida, ¡a fin de ser una buena tierra para ésta!

La buena tierra

«Y éstos son los que fueron sembrados en buena tierra: los que oyen la palabra y la reciben, y dan fruto a treinta, a sesenta, y a ciento por uno» (Marcos 4:20).

En los versículos anteriores, se explica claramente qué cosas impiden que su corazón sea una buena tierra. Ahora, Jesús nos enseña cómo ser buena tierra para la Palabra, y así producir una cosecha.

La Palabra de Dios es Su voluntad. Cuando ésta es sembrada en buena tierra —libre de obstáculos— la cosecha que produzca será la voluntad de Dios para su vida.

La ley del Génesis establece que todo produce fruto según su especie. Usted siembra la Palabra en su corazón, la riega y la cultiva; y ésta producirá el cumplimiento de esa Palabra en su vida.

Observe los corazones que fueron comparados con los pedregales. Escucharon la Palabra y la recibieron con gozo. Pero eso ¡no fue suficiente! Pues cuando los problemas surgieron, no tuvieron confianza en lo que habían escuchado. Y reaccionaron conforme a lo que vieron, no de acuerdo con la Palabra. Las circunstancias quemaron la semilla, y la marchitaron antes que pudiera enraizarse. La buena tierra escucha la Palabra, la entiende y actúa de acuerdo con ella.

Producir fruto es una acción de la Palabra. Actuar de acuerdo con ella germina la semilla, hace que ésta brote y eche raíz.

Fe es actuar conforme a la Palabra, a pesar de lo que vea. La fe produce la cosecha.

Usted debe aferrarse a la Palabra cuando los problemas surjan. Pues la persona que se aferre a su confesión de la Palabra en los momentos difíciles y en las crisis, obtendrá los resultados de la fe.

Actuar de acuerdo con la Palabra, marca la diferencia entre ser un pedregal y ser buena tierra.

La tierra produce fruto **antes** que éste sea cosechado. Usted es la buena tierra y debe actuar según la Palabra antes de ver los resultados: «*(porque por fe andamos, no por vista)*» (2 Corintios 5:7).

«*Por tanto, os digo que todo lo que pidiereis orando, creed que lo recibiréis, y os vendrá*» (Marcos 11:24). Usted cree que recibe **cuando ora** y **antes de ver la manifestación**, pues en la Palabra se afirma que la respuesta le pertenece. Y, de acuerdo con Jesús, obtendrá lo que desee de parte del Padre.

La buena tierra **escucha** la palabra, la **recibe** y la pone en **práctica**.

Jesús nos habló acerca de los sorprendentes resultados de la semilla de la Palabra sembrada en buena tierra: «*Si permanecéis en mí, y mis palabras permanecen en vosotros, pedid todo lo que queréis, y os será hecho*» (Juan 15:7).

Yo soy Jehová, tu sanador

La sanidad no surgió durante el ministerio de Jesús, ni es sólo una bendición del Nuevo Pacto. Y para muchos que intentan creer que Dios desea sanarlos esta verdad es una sorpresa. Él siempre ha provisto la sanidad para Su pueblo a través de Sus pactos.

Él se reveló a Sí mismo como el Gran Médico cuando le proclamó a Israel que si obedecían Su Palabra, ninguna de las plagas de Egipto los tocaría: «... *porque yo soy Jehová tu sanador*» (Éxodo 15:26).

Cuando Dios le entregó a Israel la bendición de la ley, afirmó que si escuchaban Su voz con diligencia y eran cuidadosos en cumplir Sus mandamientos, las bendiciones vendrían sobre ellos y los alcanzarían.

Él se nombró a Sí mismo como el sanador de Israel, Jehová Rafa.

La sanidad no era una bendición automática, sino condicional; pues se basaba en la diligente obediencia a Su Palabra.

«Fueron afligidos los insensatos, a causa del camino de su rebelión y a causa de sus maldades. Pero clamaron a Jehová en su angustia, y los libró de sus aflicciones. Envió su palabra, y los sanó, y los libró de su ruina» (Salmos 107:17, 19-20). La enfermedad surgió al desobedecer la ley. Y el perdón de esa desobediencia sanó sus cuerpos.

Dios proveyó una sombrilla de protección y bendición para Su pueblo a través de Su Palabra. Cuando ellos pecaron, rompieron el pacto, y por sí mismos se excluyeron de la protección de éste.

> *Dios proveyó una sombrilla de protección y bendición para Su pueblo a través de Su Palabra.*

Mientras Israel guardaba el pacto con Dios, ninguna enfermedad era tan poderosa como para afectarlos. Pero cuando se apartaron de la Palabra, la enfermedad invadió sus cuerpos.

Cuando el pueblo de Israel se apartó de la protección de Dios por medio de la desobediencia, la maldición que se encontraba **alrededor** vino sobre la Tierra y los alcanzó. El mundo entero estuvo bajo la maldición que surgió cuando Adán cambió a Dios, e hizo a Satanás su gobernante.

La única opción que tenía Israel era ser como las demás naciones, y la maldición vino sobre ellos. Cuando el pueblo no actuó conforme a la Palabra, quedó indefenso ante la pobreza, la enfermedad, el temor y ante sus enemigos.

El origen de la enfermedad

Nuestro padre es un Dios de amor y desde el principio ha deseado, para Su pueblo, la libertad de la maldición que estuvo sobre la Tierra cuando Adán cometió alta traición.

El pecado de Adán de alta traición no era la voluntad de Dios. Él era un hombre libre y era el gobernante de la Tierra. El Señor le había entregado este dominio y él, **por su propia voluntad**, hizo a Satanás su padre y su señor.

La naturaleza de la muerte espiritual reemplazó la vida de Dios en el espíritu de Adán. La enfermedad vino a este mundo sobre las alas de la muerte espiritual. Es decir, Adán se enfermó hasta que murió espiritualmente.

No era la voluntad de Dios que Adán pecara, y tampoco los **resultados** que el pecado produjo. Satanás, por medio de la Caída de Adán, es el origen de la maldición y de todos sus efectos.

El pecado se manifiesta en el espíritu, y la enfermedad en el cuerpo; y ambos son resultados de Satanás y del señorío que Adán le entregó cuando cayó. Ambos son obra del diablo y ninguno proviene de la mano de Dios.

Si la voluntad de Dios hubiera sido la enfermedad y la muerte, Él mismo las habría puesto en el huerto. Y no las hubiera dejado al alcance de Su enemigo.

Por tanto, era necesario que Israel escuchara con atención la Palabra de Dios. Pues la maldición era una fuerza poderosa, y había tomado el control de todo el mundo. El Señor no

Sólo Su Palabra —un poder mayor que el mal— podía detener los efectos de la maldición.

estaba siendo severo o demandante al colocar un yugo sobre Su pueblo mediante estatutos y ordenanzas; pues sólo Su Palabra —un poder mayor que el mal— podía detener los efectos de la maldición.

Guardar el pacto de Dios era la **única** manera de liberar a Israel.

Dios no es el ladrón

Debemos comprender que las leyes que gobiernan la Tierra, en gran parte, provinieron de la Caída de Adán y de la maldición que se encontraba sobre este mundo. Sin embargo, muchos acusan al Señor por los accidentes que suceden, por la enfermedad y por la muerte de sus seres queridos, por las tormentas y por las catástrofes, por los terremotos e inundaciones que continuamente ocurren.

Todas estas leyes naturales aparecieron con la Caída. Satanás es su autor, y cuando el enemigo finalmente sea eliminado de su contacto con la raza humana, o mejor aun, con la Tierra; estas leyes serán derogadas.[3]

Después que Satanás sea lanzado al lago de fuego, no habrá más llanto, ni muerte ni tinieblas ni dolor sobre la Tierra. La fuente de estas obras malignas será atada y atormentada de día y de noche para siempre: *«Enjugará Dios toda lágrima de los ojos de ellos; y ya no habrá muerte, ni habrá* más llanto, ni clamor, ni dolor; porque las primeras cosas pasaron» (Apocalipsis 21:4).

El origen de las enfermedades y de las dolencias es tan obvio como el origen del pecado. Jesús declaró: «*El ladrón no viene sino para hurtar y matar y destruir; yo he venido para que tengan vida, y para que la tengan en abundancia*» (Juan 10:10).

¡Dios no es el ladrón! Pero Satanás ha venido para robarle a usted, para matarlo y para destruirlo en cualquier forma posible. Y hasta que usted encuentre en la Palabra lo que le pertenece, el enemigo continuará angustiando y manipulando su vida.

La mayoría de personas, incluso los cristianos, culpan a Dios por las obras de Satanás pero no se dan cuenta de que el Señor puede bendecir a la humanidad hoy en día, sólo a través de la intervención del Cuerpo de Cristo: "Sabemos [positivamente] que somos de Dios, y que todo el mundo [a nuestro alrededor] se encuentra bajo el poder del maligno" (1 Juan 5:19, *AMP*).

Todo el dominio y la autoridad que la Iglesia no cumple de manera activa, se encuentra bajo el dominio y el poder de Satanás, no porque sea la voluntad de Dios, sino porque Adán, desde el principio, le entregó el dominio sobre sí mismo. Aunque **Jesús le ha quitado ese dominio** a Satanás, la Iglesia aún tiene que hacer cumplir esa autoridad sobre la Tierra.

Por causa de nuestro enemigo, esta autoridad no operará de forma pasiva. Tampoco funcionará de forma automática; nosotros debemos **hacerla cumplir**. Al desconocer la Palabra de

Dios, la Iglesia le ha permitido a Satanás robarle su autoridad y, en gran parte, controlar la Tierra.

Jesús venció al diablo en su propio dominio: *«Y despojando a los principados y a las potestades, los exhibió públicamente, triunfando sobre ellos en la cruz»* (Colosenses 2:15).

En otras versiones, lo leeríamos así: "[Dios] despojó a los principados y potestades que estaban alineados en nuestra contra e hizo de ellos una valiente demostración y los exhibió públicamente, triunfando sobre ellos por medio de Él y de la Cruz" (*AMP*).

"Y a los principados y potestades hostiles que a Sí mismo se quitó, con valentía los exhibió como Su conquista" (*Weymouth*). En el pie de página de esta versión, los **principados y potestades**, literalmente se tradujeron como "autoridades y poderes"

Jesús tomó como conquista toda la autoridad que Adán le había entregado a Satanás en la Caída. Jesús, el Hijo de Dios, se despojó a Sí mismo, tomó forma de hombre y nació como un ser humano para que, como persona, pudiera vencer a Satanás y recuperara toda la autoridad que le pertenecía a Adán.

Jesús incapacitó y paralizó a Satanás; por tanto, el enemigo está desarmado —no tiene armas para atacar a la Iglesia—. Todo el poder y la autoridad terrenal que posee, ahora es inútil contra la Iglesia de Jesucristo.

Jesús le otorgó a la Iglesia el poder para juzgar antes de ascender y sentarse a la diestra del Padre: *«Toda potestad me es dada en el cielo y en la tierra. Por tanto, id...»* (Mateo 28:18·

19). *«Y estas señales seguirán a los que creen: En mi nombre echarán fuera demonios; hablarán nuevas lenguas; tomarán en las manos serpientes, y si bebieren cosa mortífera, no les hará daño; sobre los enfermos pondrán sus manos, y sanarán»* (Marcos 16:17-18).

Jesús declaró: "**Todo** el poder —la habilidad para hacer o actuar— me ha sido dada. Por tanto, vayan en Mi nombre y estas señales los seguirán". Él le autorizó a la Iglesia usar Su nombre con toda la gran autoridad de éste. El término **autorizar** significa: "dar una aprobación oficial o poder legal; dar el derecho de actuar; conferir".

En la Gran Comisión, Jesús demostró que en Su nombre los creyentes no estarían limitados por las leyes naturales que han gobernado al mundo desde que Satanás comenzó a reinar.

«... echarán fuera demonios...». En el nombre de Jesús —debido a que ese nombre posee sobre sí toda la autoridad sobre el cielo y sobre la Tierra—, el creyente tiene el poder para echar fuera demonios. (En el Antiguo Pacto, las personas no tenían autoridad sobre Satanás. Sólo bajo la protección de la ley podían disfrutar cualquier clase de libertad de la aflicción. Y no podían enfrentarlo de forma directa).

«... hablarán nuevas lenguas...». Las limitaciones naturales para hablar fueron removidas. Ahora, los creyentes pueden hablar en el espíritu con el Señor. Ya no están limitados por su falta de conocimiento, quien ha nacido de nuevo en Cristo, y está lleno con Su Espíritu; puede hablar misterios con su Dios (1 Corintios 14:2).

«... tomarán en las manos serpientes, y si bebieren cosa mortífera, no les hará daño...». Si un creyente, ingiere veneno por accidente o es mordido por una serpiente, al declarar el nombre de Jesús con fe, detendrá los efectos mortales; aunque la ley natural afirme que éstos son letales. Usted puede ver un antecedente de esto en el ministerio de Pablo cuando la serpiente se adhirió a su mano y los nativos de Malta esperaban a que él muriera (Hechos 28:1-6). Las leyes naturales no tuvieron efecto sobre su cuerpo, pues él estaba bajo la jurisdicción del nombre de Jesús. La muerte no tuvo el poder ¡para vencer esa autoridad!

«... sobre los enfermos pondrán sus manos, y sanarán...». No todos los enfermos del mundo sanarán, sino sólo aquellos sobre los cuales el creyente imponga sus manos en el nombre de Jesús. La ley de la enfermedad y de la dolencia que, prácticamente, ha obrado con libertad desde la Caída de Adán; debe dejar de obrar ¡ante la orden de un creyente en el nombre de Jesús!

> *El nombre de Jesús es más grande que la maldición.*

Al igual que en los tiempos del Antiguo Testamento, hoy día la maldición continúa siendo una fuerza poderosa; y sólo un poder superior a ese mal puede detener el efecto de esa maldición.

El nombre de Jesús es más grande que la maldición. La Palabra de Dios es más grande que la maldición. El Espíritu Santo es más grande que la maldición. Estas tres armas pueden hacer que el creyente sea mayor y más poderoso que la maldición del pecado, de la enfermedad, del temor y de la pobreza.

Jesús declaró: «*No os dejaré huérfanos...*» (Juan 14:18). Él cumplió Su Palabra. Envió al Espíritu Santo a enseñarnos las verdades y las leyes del mundo espiritual. Estas verdades del Espíritu son más poderosas y reemplazarán las leyes naturales que gobiernan la Tierra. Éstas no anulan las leyes naturales, pero así como la ley de la gravedad puede ser reemplazada por la ley de elevación; las leyes espirituales de Dios son superiores a las leyes físicas de este mundo.

Dios, a través del Espíritu Santo, hizo que escribieran la Biblia en lenguaje humano; a fin de que las personas pudieran ver la Palabra, y de ese modo la depositaran en su corazón.

Por medio del conocimiento de las leyes espirituales de Dios, el ser humano en Cristo, una vez más puede ejercer autoridad sobre la Tierra. Usted posee la autoridad de Jesús para detener el efecto del la maldición en su vida. Él afirmó: «*De cierto os digo que todo lo que atéis en la tierra, será atado en el cielo; y todo lo que desatéis en la tierra, será desatado en el cielo. Otra vez os digo, que si dos de vosotros se pusieren de acuerdo en la tierra acerca de cualquiera cosa que pidieren, les será hecho por mi Padre que está en los cielos*» (Mateo 18:18-19).

Jesús el Sanador

«Felipe le dijo: Señor, muéstranos el Padre, y nos basta. Jesús le dijo: …El que me ha visto a mí, ha visto al Padre… ¿No crees que yo soy en el Padre, y el Padre en mí? Las palabras que yo os hablo, no las hablo por mi propia cuenta, sino que el Padre que mora en mí, él hace las obras» (Juan 14:8-10).

Si usted desea ver al Padre, vea a Jesús. Durante Su ministerio terrenal, Jesús les reveló a las personas la expresa voluntad de Dios en acción. Cuando ha visto a Jesús, ha visto al Padre.

Él ni siquiera habló Sus propias palabras, sino las del Padre. No tomó el crédito por las obras que realizó en Su ministerio, sino que afirmó que el Padre —quien estaba en Él— hacía las obras.

Todo lo que Él dijo e hizo fue una ilustración de la voluntad del Padre. En Juan 8:28, declaró: "Nada hago por Mí mismo [por decisión propia, o por Mi propia autoridad), sino digo [exactamente] lo que Mi Padre me ha enseñado" (AMP). Él fue el vehículo de Dios sobre la Tierra, el camino de Dios hacia la humanidad y el camino de la humanidad hacia Dios.

«*Porque he descendido del cielo, no para hacer mi voluntad, sino la voluntad del que me envió*» (Juan 6:38). «*Para esto apareció el Hijo de Dios, para deshacer las obras del diablo*» (1 Juan 3:8). Jesús vino a cumplir la voluntad de Dios sobre la Tierra. La voluntad del Padre era que Jesús destruyera las obras del diablo. Dios puso a Jesús en oposición directa a Satanás, a la maldición y a todos sus efectos.

Cada acto que Jesús realizó y cada palabra que habló estaba enfocada en destruir la obra de Satanás. Cada obra de poder y cada sanidad era la voluntad de Dios.

> *Cada acto que Jesús realizó y cada palabra que habló estaba enfocada en destruir la obra de Satanás.*

Si usted cree en la Palabra de Dios, debe creer que la actitud de Jesús con respecto a la enfermedad, pues es la misma actitud que Dios toma con respecto a ésta.

«*Y se le acercó mucha gente que traía consigo a cojos, ciegos, mudos, mancos, y otros muchos enfermos; y los pusieron a los pies de Jesús, y los sanó; de manera que la multitud se maravillaba, viendo a los mudos hablar, a los mancos sanados, a los cojos andar, y a los ciegos ver; y glorificaban al Dios de Israel*» (Mateo 15:30-31).

«*Cómo Dios ungió con el Espíritu Santo y con poder a Jesús de Nazaret, y cómo éste anduvo haciendo bienes y sanando a todos los oprimidos por el diablo, porque Dios estaba con él*» (Hechos 10:38).

«*Y a esta hija de Abraham, que Satanás había atado dieciocho*

años, ¿no se le debía desatar de esta ligadura en el día de reposo?»
(Lucas 13:16).

El pueblo de Dios se encontraba bajo el yugo de Satanás. Y
Él envió a Jesús a destruir la obra del enemigo en sus vidas.
Jesús obró como un profeta bajo el pacto Abrahámico (Mateo
13:57). El pueblo al que Jesús ministraba, sí tenía un pacto de
sanidad con Dios; sin embargo, no vivían bajo la luz de ese
pacto. Y como herederos de Abraham, debían haber sido libres.

Jesús no podía estar en contra del pecado sin estar en
contra de la enfermedad. La Palabra de Su Padre se oponía a la
enfermedad, por tanto, Jesús se opuso a la enfermedad. Satanás
es la fuente de ambas. Usted no puede estar en contra de una,
sin estar en contra de la otra.

Jesús les predicó liberación y sanó a todos los que se
encontraban oprimidos por el diablo. Les enseñó sus derechos
de pacto. Liberó a las personas de espíritus inmundos y sanó
sus cuerpos de enfermedades. Destruía el yugo de la opresión
de Satanás dondequiera que lo encontraba.

La mujer que estaba encorvada y que no podía levantarse,
acudió a Él por ayuda. Jesús impuso manos sobre ella y de
inmediato se enderezó. Su actitud manifestaba que esta hija de
Abraham, a quien Satanás había atado por 18 años, debía ser
liberada. Ésa fue Su continua respuesta ante las personas que
le buscaban por ayuda.

La enfermedad es una obra de Satanás. Jesús cumplió la
voluntad de Dios y detuvo el efecto de la enfermedad en
cada etapa.

«... y de una gran multitud de gente... había venido para oírle, y para ser sanados de sus enfermedades; y los que habían sido atormentados de espíritus inmundos eran sanados. Y toda la gente

> La enfermedad es una obra de Satanás. Jesús cumplió la voluntad de Dios y detuvo el efecto de la enfermedad en cada etapa.

procuraba tocarle, porque poder salía de él y sanaba a todos» (Lucas 6:17-19). Jesús —la expresión de la voluntad de Dios— **jamás** se rehusó a sanar a **nadie**. El poder (o la virtud) fluía de manera continua de Él para sanar a **todos**. El poder sanador estaba disponible para todo el que lo recibiera.

Él jamás le preguntó a Dios si era Su voluntad sanar a una persona. Pues **conocía** la actitud de Su Padre con respecto a la enfermedad. Él no dudó acerca de la voluntad de Dios para sanar a las multitudes.

El único registro que existe de algo que le impidió a Jesús cumplir la voluntad de Dios en la vida de Su pueblo, ocurrió en Nazaret. Debido a que era Su ciudad natal, la gente no honró el ministerio de Jesús. En la Biblia leemos: *«Y no hizo allí muchos milagros, a causa de la incredulidad de ellos»* (Mateo 13:58).

No era la voluntad de Dios detener la obra, sino la voluntad de **ellos** debido a su **incredulidad**. Ellos no estaban dispuestos a recibir de un hombre a quien consideraban simplemente el hijo de un carpintero.

Cuando Jesús envió a Sus discípulos, los envió a: *«... predicar el reino de Dios, y a sanar a los enfermos»* (Lucas 9:2). Él no se limitó ante la enfermedad —**cualquier** enfermo era

sanado si decidía recibir la sanidad—. También les indicó que
dieran de gracia lo que habían recibido de gracia.

Por medio de las Escrituras, se nos ha enseñado —sin lugar
a duda— que Jesús, cumpliendo la voluntad del Padre, ofreció
sanidad **de forma incondicional** durante Su ministerio terrenal.

Tomemos un ejemplo en Hechos para demostrar la actitud
de la Iglesia primitiva con respecto a la enfermedad (Nota: La
Iglesia primitiva no era diferente a Iglesia actual. El Cuerpo de
Cristo hoy día, formado por todas las personas nacidas de
nuevo, aún forma parte de la misma Iglesia que surgió el día
de Pentecostés. Lo que se aplicaba a la iglesia en Jerusalén
todavía se aplica hoy a las iglesias del mundo): *«Y aun de las
ciudades vecinas muchos venían a Jerusalén, trayendo enfermos y
atormentados de espíritus inmundos; y todos eran sanados»*
(Hechos 5:16).

Jesús no le dijo a nadie que debía retener su enfermedad
porque Dios intentaba enseñarle algo por medio de ésta. A
ninguno, entre las vastas multitudes de multitudes, se le dijo
que el Padre deseaba que permaneciera enfermo para darle a
Él la gloria. No, en ese versículo leemos que la **sanidad**
glorifica al Señor —no la **enfermedad**—. Las personas
glorificaron al Dios de Israel *«…viendo a los mudos hablar, a
los mancos sanados, a los cojos andar, y a los ciegos ver…»*
(Mateo 15:31).

Nadie que haya buscado a Jesús para recibir sanidad,
recibió la siguiente respuesta: "No es la voluntad de Dios
sanarte". Al contrario, En Mateo 8:2, 3, leemos: *«Y he aquí vino*

un leproso y se postró ante él, diciendo: Señor, si quieres, puedes
limpiarme. Jesús extendió la mano y le tocó, diciendo: Quiero; sé
limpio. Y al instante su lepra desapareció». Jesús le dio un nuevo
enfoque a la teología del leproso con sólo una palabra:
«Quiero». La sanidad es la voluntad de Dios, de lo contario,
Jesús no habría sanado a **todo** el que le buscó.

Sabemos que en el Señor no hay variación o desviación —
Él no cambia—. Sabemos que Él no hace acepción de personas
(Hechos 10:34). El ministerio de Jesús es la evidencia de ello.

En la Biblia leemos que un buen árbol sólo puede dar buen
fruto. Jesús declaró que un buen árbol **no puede** dar mal fruto
(Mateo 7:18).

Dios es bueno. Él no puede ser la fuente de ninguna
enfermedad. Creer que el Señor hace enfermar a la gente, sería una
abominación para Su naturaleza de amor hacia las personas.

Algunos expresan que sí saben que Dios no enferma a las
personas, sin embargo, sí creen que Él le permite a Satanás
enviar esa enfermedad sobre ellos para enseñarles algo o para
alinearlos a Su voluntad.

El Señor no tiene por qué permitirle a Satanás realizar su
obra maligna. Ahora bien, si las personas se lo permiten al
enemigo, éste les llevará la enfermedad de inmediato. Es **usted**
quien debe gobernar al diablo en su vida y en las
circunstancias.

Si no está viviendo conforme a la Palabra de Dios, no tiene
defensa contra Satanás y contra su fruto, la enfermedad. Su falta
de conocimiento con respecto a la Palabra o su negligencia para

actuar conforme a ella, le permitirá a la enfermedad llenar su cuerpo.

Dios **jamás** es la fuente de la enfermedad.

> *Dios jamás es la fuente de la enfermedad.*

«*Toda buena dádiva y todo don perfecto desciende de lo alto, del Padre de las luces, en el cual no hay mudanza, ni sombra de variación*» (Santiago 1:17). En la Biblia se nos afirma de forma clara que no puede haber variación en Él. Ésta es una clave para conocer la fuente de todo lo que viene a su vida. De acuerdo con la escritura, podemos asegurar sin duda alguna: "Toda buena dádiva viene de lo alto y Jesús vino para que tuviéramos vida"

Todo fruto corrupto y maligno proviene de Satanás. El enemigo vino para matar, robar y destruir. Todo lo que produzca duda, desánimo o derrota proviene del diablo; **no del Padre**.

6
Fe en la misericordia de Dios

Muchos cristianos de hoy en día, tienen la misma actitud del leproso del cual leemos en Marcos 1:40-42. Ellos creen que Dios **puede** sanar, pero dudan que Él **los** sanará a ellos.

Otros creen en Su habilidad, mas no en Su misericordia. Pues no tienen fe en el amor y la misericordia que Dios tiene por Su familia, y esto ocurre porque desconocemos Su Palabra.

Cuando Jesús le estaba hablando a la sirofenicia, acerca de la liberación "del pan de los hijos". Si mis hijos estuvieran hambrientos y supieran que yo tengo pan, pero creen que no se los daré; ¡sería un gran insulto para mi atención, mi amor y mi afecto hacia ellos! Preferiría que creyeran que **no puedo** darles lo que necesitan y no que crean que **no quiero** darles. Preferiría que dudaran de mi habilidad, y no de mi amor.

La teología le enseña a las personas acerca del poder de Dios, sin embargo, la mayoría niega Su disposición de usar ese poder en beneficio de la humanidad.

La teología carece de la experiencia vital de la relación que existe entre un padre y un hijo, la cual podemos disfrutar en Jesús como hijos de Dios. El pensamiento de la humanidad con respecto al Señor siempre se queda corto e inerte. La mente del ser humano no es capaz de comprender que Dios es amor, a menos que el Espíritu, por medio de la Palabra, se los revele.

Ésa es la idea del Señor sobre la cual debemos cimentar nuestra fe. Sería una tontería creer en lo que las personas (quienes jamás le han visto) dicen de Dios, y no en lo que Él afirma de Sí mismo.

«*Y Jehová descendió en la nube, y estuvo allí con él, proclamando el nombre de Jehová. Y pasando Jehová por delante de él, proclamó: ¡Jehová! ¡Jehová! fuerte, misericordioso y piadoso; tardo para la ira, y grande en misericordia y verdad*» (Éxodo 34:5-6). Dios declara de Sí mismo que es misericordioso y piadoso, benigno (lento para la ira) y abundante en bondad y verdad.

En la Biblia se exalta la misericordia de Dios —Su disposición para usar Su poder, a fin de suplir cada necesidad de la humanidad—. En la escritura se habla de la «*...supereminente grandeza de su poder para con nosotros los que creemos...*» (Efesios 1:19). Su poder es dirigido **hacia usted**, y no **lejos de usted**.

«*Clemente y misericordioso es Jehová, lento para la ira, y grande en misericordia*» (Salmos 145:8). Dios está **lleno** de compasión y **grande** misericordia. Estas dos traducciones provienen del mismo término griego.

La compasión es un movimiento o un anhelo en el interior, en el corazón o en el espíritu, hacia alguien.[4]

La compasión habita en el corazón.

Jesús, en Su sumo ministerio sacerdotal a la diestra del Padre, es movido a compasión o conmovido por nuestras necesidades: «*Porque no tenemos un sumo sacerdote que no pueda compadecerse de nuestras debilidades...*» (Hebreos 4:15). Él es movido por compasión hacia nosotros.

Una y otra vez, vemos a Jesús siendo movido a compasión y sanando a los enfermos durante Su ministerio terrenal. La compasión lo movió para extender la mano de

> *Debido a Su compasión, el corazón de Dios anhela suplir las necesidades de la humanidad.*

Dios de misericordia hacia los enfermos. Ésa era la compasión del Padre moviéndose en Su interior. (Recuerde, Él dijo que nada hacía por Sí mismo). Debido a Su compasión, el corazón de Dios **anhela** suplir las necesidades de la humanidad.

Alguien que no conoce las Escrituras podría preguntarse , por qué Dios no sana a todos los enfermos a pesar de su posición de fe. La misericordia del Señor obra de acuerdo a Su pacto, la Palabra. Debido a que Él está condicionado por Su Palabra, no puede obrar libremente, sólo con aquellos que se colocan a sí mismos en **posición** para recibir.

Actuar conforme a la Palabra lo coloca en posición para recibir la misericordia de Dios.

La misericordia es la actitud de Dios hacia usted, concediéndole con libertad lo que sea necesario para suplir sus

La misericordia es el resultado de la compasión. Las acciones internas de la compasión producen una manifestación externa para suplir la necesidad.

necesidades. La misericordia se manifiesta por sí sola en acción y adquiere los recursos suficientes para producir los resultados apropiados.[5]

La misericordia es el resultado de la compasión. Las acciones internas de la compasión producen una manifestación externa para suplir la necesidad.

En la Palabra se afirma que Dios se **deleita en la misericordia**. En la Biblia se habla acerca de "la tierna misericordia de nuestro Dios" y de Su "grande misericordia". Con su espíritu, atrévase a extender su fe para percibir la infinita misericordia del Señor.

¡Usted es el objeto de la misericordia de Dios!

«Alabad a Jehová, porque él es bueno, porque para siempre es su misericordia» (Salmos 136:1).

«Conoce, pues, que Jehová tu Dios es Dios, Dios fiel, que guarda el pacto y la misericordia a los que le aman y guardan sus mandamientos, hasta mil generaciones» (Deuteronomio 7:9).

«Porque tú, Señor, eres bueno y perdonador, y grande en misericordia para con todos los que te invocan» (Salmos 86:5).

¡Su misericordia es para siempre! Su disposición para actuar en beneficio de la humanidad continúa obrando en la Tierra. Su misericordia jamás se agotará. Tampoco ha disminuido ni se ha debilitado.

Su misericordia continúa sobre aquellos que lo aman y ponen en práctica Su Palabra. Él es fiel para cumplir Su pacto y para ofrecer Su misericordia.

Han trascurrido miles de años desde que el Señor afirmó que Su misericordia se extendería a miles de generaciones, y ésta continúa alcanzándolo a usted día tras día. Él sigue siendo grande en misericordia con quienes lo invocan.

¡Alabado sea el Señor! ¡Su misericordia es para siempre! Grandes y poderosas cosas sucedieron cuando Israel pronunció estas palabras, pues son palabras de alabanza y adoración a Dios.

Cuando Salomón terminó de edificar la casa del Señor, los trompetistas y cantores alzaron sus voces al unísono, y con trompetas, címbalos e instrumentos de música; alabaron al Señor diciendo: «*Porque él es bueno, porque su misericordia es para siempre...*».

La gloria de Dios llenó la casa y el sacerdote no pudo ministrar debido a la nube (2 Crónicas 5:13-14). Dios mismo habitaba en la alabanza de Su pueblo.

Josafat designó cantores para el Señor, a fin de que marcharan delante del ejército y declararan: "Alabado sea el Señor! ¡Porque Su misericordia es para siempre!".

Cuando los israelitas comenzaron a cantar y a alabar, el Señor tendió una emboscada contra sus enemigos y éstos se destruyeron entre ellos mismos (2 Crónicas 20:21-23).

¡La alabanza es un arma! ¿Cantores al frente de un ejército? Sí, así sucedió. El pueblo de Israel jamás tuvo que desenfundar un arma de guerra, sólo cantar: "¡Alabado sea el Señor! ¡Porque para siempre es Su misericordia!".

Hable de Su compasión y de Su misericordia

Honramos al Padre cuando creemos en Su Palabra y exaltamos Su amor y Su misericordia. Lo honramos y lo alabamos cuando confesamos Sus bondades y Su dulce amor. Lo honramos cuando hablamos de Él como nuestro Padre de amor, quien sólo hace el bien. Por tanto, hable del gran Dios del universo. Él está ansioso por bendecirnos, es más, ya dio a Su propio Hijo porque ¡ama al mundo! Hable del Señor, cuyos ojos: "...recorren de un lado a otro toda la Tierra, a fin de mostrarse a Sí mismo fuerte en beneficio de aquellos cuyos corazones son inocentes para con Él" (2 Crónicas 16:9, *AMP*). Cuando usted habla de Él de esa manera, lo está alabando. Hemos dicho, de forma continua, que debemos ofrecerle un sacrifico de alabanza (Hebreos 13:15).

David fue un hombre conforme al corazón de Dios. Él sabía cómo alabar al Señor. Mientras llena de forma abundante su corazón con la Palabra de Dios, a fin de que pueda declarar salmos y alabanzas de su propio espíritu, utilice las alabanzas de David para exaltar a Dios. Confiéselas o cántelas en voz alta para el Padre

«Te alabaré, oh Jehová, con todo mi corazón; contaré todas tus maravillas. Me alegraré y me regocijaré en ti; cantaré a tu

nombre, oh Altísimo. Mis enemigos volvieron atrás; cayeron y perecieron delante de ti. Porque has mantenido mi derecho y mi causa; te has sentado en el trono juzgando con justicia» (Salmos 9:1-4).

En la Palabra leemos que Dios habita en la alabanza de Su pueblo (Salmos 22:3). El enemigo retrocede, cae y perece ante la presencia de nuestro Dios.

Cuando alabamos a Dios, la fe nos libera.

La alabanza no sólo honra al Señor y le brinda poder a nuestra fe, sino también es un arma poderosa contra Satanás. Cuando alabamos a Dios, la fe nos libera.

Abraham: "...se fortaleció y fue investido de poder por fe al darle alabanza y gloria a Dios" (Romanos 4:20, *AMP*). Cuando usted alaba a Dios y confiesa Sus obras maravillosas, su fe crece en su interior para recibir Sus bendiciones.

Honre al Señor con las palabras de su boca. Haga que sus palabras estén de acuerdo con las que Él declara de Sí mismo. Busque en Su Palabra **buenas obras** para hablar de Su nombre. Proclame la misericordia y la compasión del Señor sobre aquellos que lo rodean. Compártales a los demás las grandes obras que Él ha realizado en su vida. No permita que sus palabras sean una ofensa ante Dios Padre y ante Su naturaleza de amor.

Observe que David declara: «Te alabaré...; contaré todas tus maravillas. Me alegraré y me regocijaré...; cantaré». Alabar, depende de su voluntad. Usted simplemente no alaba a Dios porque siente hacerlo, lo hace porque **desea** alabarlo.

Confiese junto a David: «*Te alabaré, oh Jehová, con todo mi corazón...*».

Grandes cosas suceden cuando usted declara, de manera continua, la misericordia de Dios. La fe surge en su interior. Y la realidad de que Dios lo ama comienza a expresarle con cánticos a través de su espíritu.

La primera vez que la misericordia del Señor fue una realidad para mí, cobró tanta vida en mi corazón que de continuo confesaba: *Alabado sea el Señor. Su misericordia es para siempre.* Algo sobrenatural ocurrió en mi interior, mi fe surgió al conocer la misericordia de Dios y al saber que esa misericordia me rodea de continuo.

En Salmos 118:4, se le insta a confesar la misericordia de Dios: «*Digan ahora los que temen a Jehová, que para siempre es su misericordia*».

Ahora, deposite esas palabras de continuo en su boca. (Para darle un ejemplo, lea el Salmo 136). Usted comenzará a experimentar la emoción y el gozo de comprender que Dios, en realidad, es: «*...rico en misericordia, por su gran amor con que nos amó*» (Efesios 2:4).

A medida que confiese la misericordia de Dios, permanecerá a la expectativa y dirá: "Ciertamente, la bondad y la misericordia me seguirán todos lo días de mi vida".

Comprenderá que la misericordia, constantemente, fluye del corazón de Dios por todas las generaciones hasta **usted**.

«Acerquémonos, pues, confiadamente al trono de la gracia, para alcanzar misericordia y hallar gracia para el oportuno socorro»

(Hebreos 4:16). Gracias a la Palabra, su fe ha llegado al nivel de la misericordia de Dios. Ahora usted se encuentra en posición de acercarse con valentía al trono de gracia y obtener misericordia y hallar gracia para el oportuno socorro.

La medicina
de Dios

«*Hijo mío, está atento a mis palabras; inclina tu oído a mis razones. No se aparten de tus ojos; guárdalas en medio de tu corazón; porque son vida a los que las hallan, y medicina a todo su cuerpo. Sobre toda cosa guardada, guarda tu corazón; porque de él mana la vida*» (Proverbios 4:20-23).

¡Ésta es la prescripción de Dios para la vida y la salud!

«*...está atento a mis palabras...*». Préstele toda su atención a la Palabra de Dios y guarde lo que Él declara. Si está **atento** a una persona, usted "cuida" de esa persona. Dedíquele su tiempo a la Palabra, piense y medite en ella y actúe conforme a ella. De continuo, déle el primer lugar de su vida a la Palabra.

«*Tú guardarás en completa paz a aquel cuyo pensamiento en ti persevera; porque en ti ha confiado*» (Isaías 26:3). Su mente será libre de la duda al enfocar su atención en la Palabra. Cuando usted confía en la Palabra, está confiando en el Señor. Enfoque su mente en las Escrituras. Y gracias a que se ha comprometido con la Palabra, el temor y la duda han sido expulsados. La Palabra de Dios lo **mantendrá** en perfecta paz.

Si usted no disfruta de paz, no está enfocando su mente en Él.

«*Inclina tu oído...*». Abra su entendimiento para recibir los dichos del Señor. Anhele y busque el conocimiento de la Palabra.

Coloque sus oídos físicos en posición para oír la Palabra de fe. Lleve sus oídos adonde se predica la Palabra; pues la fe es por el oír la Palabra de Dios. Lea con sus ojos espirituales lo que se ha dicho:

> *La Palabra de Dios lo mantendrá en perfecta paz.*

Si algún hombre tiene oídos para oír, déjenle que oiga, que perciba, y que comprenda. También les dijo: Tengan cuidado con lo que oyen. La medida [en que piensen y estudien] que den [a la verdad que oyen], será la medida [de virtud y conocimiento] con que les medirán a ustedes —y más [además] se les añadirá a ustedes que oyen—. Porque al que tiene, se le dará más; pero al que no tiene, hasta lo poco que tiene se le quitará por la fuerza.

—Marcos 4:23-25, *AMP*

Toda persona a quien Jesús le hablaba, tenía oídos físicos. Pero Él se refería a recibir la Palabra de Dios en el corazón al escuchar al Espíritu Santo hablar del conocimiento revelado.

Jesús no habla acerca de escuchar **de forma pasiva**. Él dijo: escuchen, perciban y comprendan; e incluso, sean cuidadosos **con** lo que escuchan.

El tiempo que dedique para meditar la Palabra que oyó, determinará el retorno de virtud (poder) y conocimiento que obtenga a través de la Palabra.

A la persona que escucha (o recibe conocimiento revelado) se le dará más. Y si usted desea crecer en el conocimiento de Dios, sea cuidadoso en **cómo** escucha Su Palabra.

«No se aparten de tus ojos...». Mantenga sus ojos enfocados en la Palabra. No vea las circunstancias ni los sentimientos que parezcan contrarios a su sanidad. Vea a la Palabra. Préstele atención a lo que Él declara. Considere la Palabra, y no su cuerpo. Mantenga siempre la Palabra frente a sus ojos. Jesús manifestó: *«La lámpara del cuerpo es el ojo; así que, si tu ojo es bueno, todo tu cuerpo estará lleno de luz»* (Mateo 6:22).

Este versículo revela por qué es tan importante evitar que la Palabra se aparte de nuestra vista. El ojo es la **ventana** del cuerpo.

Si su ojo o su atención se enfoca en las tinieblas —en la enfermedad— que se encuentra en su cuerpo, no habrá luz que expulse esas tinieblas. En otras palabras, si el ojo está enfermo, entonces el cuerpo está y estará enfermo. Por consiguiente, haga que su ojo se enfoque sólo en la Palabra de Dios y **todo** su cuerpo estará lleno de luz. Si su ojo se enfoca en la Palabra, no permitirá que las tinieblas entren.

Lo que usted hace con sus ojos, en algunas ocasiones es cuestión de vida y muerte. Ver a la enfermedad, atrae muerte; y ver a la Palabra, atrae vida.

«Guárdalas en medio de tu corazón...». Permita que la Palabra habite en usted meditando y actuando en lo que

escucha. La medida de la Palabra en la que actúe será la medida de la Palabra que habite en usted. Aliméntese de continuo con la Palabra, a fin de que ésta continúe produciendo la fuerza de la fe.

Incline su oído y no permita que la Palabra se aparte de sus ojos, eso mantendrá viva la Palabra en su corazón.

«*Porque son vida a los que las hallan, y medicina a todo su cuerpo...*». La Palabra de Dios es vida. Jesús dijo: "Mis palabras son espíritu y son vida". Son vida, pero ¿para quién? Son vida para quienes las hallan y son **medicina a todo su cuerpo**. Las palabras de Dios son vida y son salud. La Palabra es la medicina de Dios.

> *Las palabras de Dios son vida y son salud. La Palabra es la medicina de Dios.*

Estar atento, de forma constante, a la Palabra con sus oídos, con sus ojos y con su corazón hará que viva en salud divina. Para usted será difícil enfermarse como una vez lo fue sanarse, gracias al poder que constantemente se transforma en vida y salud para su cuerpo.

Al llevar a cabo estas instrucciones de forma diligente, usted guarda su corazón. «*Sobre toda cosa guardada, guarda tu corazón; porque de él mana la vida*» (Proverbios 4:23). Del centro de su corazón surgen las fuerzas (los asuntos) de la vida, trayendo sanidad y salud a su cuerpo. Pues la Palabra que se encuentra en su corazón produce vida y salud en su cuerpo.

Varias veces, desde que aprendí a vivir por fe, he fallado en ser diligente con respecto a mantener la Palabra frente a mí; y sin darme cuenta, me enfermaba tanto que no podía permanecer en pie. (He aprendido a acudir a la Palabra a la primera señal de un síntoma, y de inmediato, ingiero una dosis de la medicina de Dios). Busco 1 Pedro 2:24, lo leo en voz alta y recibo mi sanidad. Escucho audios del Nuevo Testamento y de la Palabra. Por lo general, me duermo escuchando estos audios. Y ya sea a la mañana siguiente o en unas horas, estoy completamente sano. Unas horas ha sido lo más que los síntomas han podido quedarse.

Esto sólo me ha sucedido como tres o cuatro veces en muchos años. Y no hubiera ocurrido si en lugar de estar tan ocupado en otras cosas, le hubiera prestado atención a la Palabra de Dios.

Estar enfermo y recibir sanidad no es lo mejor que Dios tiene para mí. Recibir sanidad es maravilloso, sin embargo, vivir en salud divina es mejor. Hemos aprendido a creer en la salud divina, no sólo en la sanidad. Conservamos nuestra salud a través de la Palabra, y al no permitir que la enfermedad establezca un punto de apoyo.

Para que la prescripción de vida y la salud de Dios sea efectiva, usted debe ser diligente en estar atento a Su Palabra. Debe darle a ésta el lugar de autoridad, e invertir tiempo en ella **a diario**. Las fuerzas de la vida y el poder que fluyan de su corazón surgirán en proporción relativa a la cantidad de la Palabra que deposite en su corazón.

No existe límite para la cantidad de la medicina de Dios que pueda tomar, nunca podría tomar una sobredosis. Pues entre más tome, más poderoso será.

Él llevó nuestras enfermedades

«*Para que se cumpliese lo dicho por el profeta Isaías, cuando dijo: El mismo tomó nuestras enfermedades, y llevó nuestras dolencias*» (Mateo 8:17).

Cuando Jesús llevó nuestros pecados, también llevó nuestras enfermedades. La Cruz pronunció una doble cura para las enfermedades de la humanidad.

La Iglesia de Jesucristo es tan libre, tanto de la enfermedad como del pecado. Un cristiano puede seguir pecando después de nacer de nuevo, sin embargo, **no tiene que hacerlo**. El pecado no puede seguir esclavizándolo, a menos que él se lo permita (Romanos 6:14).

Un creyente puede continuar enfermo después de nacer de nuevo, pero **no debe seguir así**. Pues ha sido redimido de la enfermedad. El precio por su sanidad ya ha sido pagado. La enfermedad no puede seguir ejerciendo dominio sobre él, a menos que se lo permita.

La mayoría de creyentes sólo ha conocido una parte de su redención. Su fe dependerá del grado de conocimiento de la

Palabra que posea. De haber comprendido que la sanidad ya les pertenece, ya habrían comenzado a vivir en salud divina desde hace mucho tiempo.

Cuando acepte que Jesús llevó sus pecados, así como también sus enfermedades; entonces sus debilidades, su dolor y sus días de enfermedad terminarán.

La luz de la Palabra de Dios destruirá la opresión de Satanás en su vida, en el área de sufrimiento físico. La verdad lo hace libre de su dominio al percatarse de que su sanidad ha sido comprada por el sacrificio de Jesús.

«Ciertamente llevó él nuestras enfermedades, y sufrió nuestros dolores; y nosotros le tuvimos por azotado, por herido de Dios y abatido. Mas él herido fue por nuestras rebeliones, molido por nuestros pecados; el castigo de nuestra paz fue sobre él, y por su llaga fuimos nosotros curados» (Isaías 53:4-5).

Todo el capítulo 53 de Isaías se refiere a la sustitución de Jesús por la humanidad: *«Ciertamente llevó él nuestras enfermedades...».* En la concordancia de la Biblia *Young's Analytical* se menciona que **choli**, traducido como enfermedades, significa: "enfermedades, debilidades y dolor".

Ciertamente ¡Él llevó sus enfermedades, sus debilidades y su dolor! Permítase a sí mismo recibir la magnitud de lo que Dios le está manifestando.

Dios afligió a Jesús con pecado y enfermedad para que usted fuera libre. En el versículo seis, leemos: *«...mas Jehová cargó en él el pecado de todos nosotros».* En el versículo 10, se nos enseña: *«Con todo eso, Jehová quiso quebrantarlo, sujetándole a padecimiento...*». (De acuerdo con el Dr. Young, el término **enfermedades** significa: "hacer enfermar", y debería ser traducida así: "Él le hizo enfermar").

De acuerdo con la Palabra, ¿qué hizo Jesús con su enfermedad? La cargó por usted. No pudo ser la voluntad de Dios para su vida hacerlo enfermar con la enfermedad que Jesús sufrió por usted.

Gracias a que Dios amó al mundo, ideó el plan de sustitución de Su Hijo primogénito para redimir a la humanidad de la maldición de Satanás.

«*Cristo nos redimió de la maldición de la ley, hecho por nosotros maldición (porque está escrito: Maldito todo el que es colgado en un madero)*» (Gálatas 3:13). Jesús estuvo dispuesto a llevar la maldición sobre Su propio espíritu, alma y cuerpo para que usted no tuviera que continuar bajo el dominio de Satanás.

No existía enfermedad antes de que el hombre fuera uno con Satanás. El pecado es la raíz de la cual provino la enfermedad. De la misma forma que el pecado es la manifestación de la muerte espiritual en el **corazón** de la humanidad, la enfermedad es la manifestación de la muerte espiritual en el **cuerpo** humano.

Jesús vino para destruir las obras del diablo —**todas** sus obras (1 Juan 3:8)—. Él no destruyó el pecado sólo para dejar a la enfermedad con el dominio. Una redención parcial del

Jesús destruyó por completo las obras del diablo en la vida de las personas.

poder de Satanás no le habría agradado a Dios, ni habría cumplido Su plan para Su familia.

Él redimió a **toda** la humanidad —justicia para su naturaleza, paz para su mente y sanidad para su cuerpo—. La redención no dejó nada vigente de lo que vino a la humanidad por causa del pecado. Jesús destruyó por completo las obras del diablo en la vida de las personas.

«Porque habéis sido comprados por precio; glorificad, pues, a Dios en vuestro cuerpo y en vuestro espíritu, los cuales son de Dios» (1 Corintios 6:20).

"Y de ese modo Él cumplió lo dicho por el profeta Isaías, Él mismo tomó [para alejar] nuestras debilidades y dolencias y llevó nuestras enfermedades" (Mateo 8:17, *AMP*).

«Quien llevó él mismo nuestros pecados en su cuerpo sobre el madero, para que nosotros, estando muertos a los pecados, vivamos a la justicia; y por cuya herida fuisteis sanados» (1 Pedro 2:24).

«...por cuya herida fuisteis sanados» no es una **promesa**. Es un **hecho**. Jesús llevó nuestras enfermedades y por Su herida **fuimos** sanados.

"Porque la Palabra que Dios declara es viva y llena de poder [haciéndose activa, funcional, energizante y efectiva]..." (Hebreos 4:12, *AMP*). Las palabras pronunciadas por la boca de Dios son establecidas en el cielo para siempre. Una vez que las ha pronunciado, las ha dicho para siempre. Sus palabras jamás mueren ni pierden su poder.

«Dijo luego Dios: Haya lumbreras en la expansión de los cielos para separar el día de la noche...» (Génesis 1:14). Él no tiene

que levantarse a las cuatro en punto de la mañana para ordenarle al sol ¡que salga y brille! La Palabra que Él declaró en la Creación aún está viva y llena de poder, haciendo cumplir los resultados para la cual fue enviada.

Las palabras que Dios manifestó ese día continúan haciendo que el sol, la luna y las estrellas cumplan su función de iluminar a la Tierra. Debido a Sus poderosas palabras: «*Haya lumbreras en la expansión de los cielos...*», éstos no se atreven a dejar de irradiar su luz.

Su Palabra hablada ha ordenado a las luces permanecer en la expansión. Sus mandatos aún tienen efecto y lo tendrán hasta que Él lo cambie.

Él también ha manifestado Su Palabra referente a su sanidad. Y ésta aún tiene efecto. La humanidad **no puede** cambiarla. Muchos han intentado hacerlo e incluso algunos han declarado que la sanidad ya expiró. Pero **Dios** afirma que Jesús llevó nuestras enfermedades y cargó nuestras dolencias, y que por Su herida fuimos sanados.

¡La Palabra de Dios es viva!

Él se encarga de que Su Palabra sea puesta por obra. Su presencia se encuentra sobre Su Palabra para hacer que se cumpla.

La Palabra de Dios es para usted ahora. Esta Palabra referente a la sanidad tiene el poder para cumplir el propósito para el cual fue enviada —la sanidad de su cuerpo—. Es como si Jesús lo llamara por su nombre, y dijera: "Yo llevé tus enfermedades y cargué con tus dolencias, y por Mi herida fuiste sanado".

Si lo ha leído en la Palabra, ¡lo ha escuchado de Dios! Su sanidad ya no tendría validez ni sería segura si Jesús se le apareciera en persona y le hablara estas palabras. Medite y confiese estas escrituras referentes a la sustitución de Jesús por usted, hasta que la realidad de su sanidad literalmente domine su mente y su cuerpo.

Crea que recibe

Tome la decisión de vivir en salud divina de la misma forma que decidió aceptar a Jesús como su Salvador. ¡Decida estar bien!

Así como la salvación se le ofrece a todo aquel que la acepte, la sanidad se le ofrece a todo aquel que la crea.

El término griego **sozo**, traducido como salvo en Romanos 10:9, es la misma palabra traducida como sanado en los Evangelios. En Marcos 5:23, Jairo le dijo a Jesús: «...*ven y pon las manos sobre ella para que sea salva* [sozo], *y vivirá*». A la mujer con el flujo de sangre, Jesús le manifestó: «*Ten ánimo, hija; tu fe te ha salvado* [sozo]» (Mateo 9:22).

Cuando Jesús resucitó de entre los muertos, Él compró sanidad para su espíritu, su alma y su cuerpo. Usted ha sido salvo por completo.

Ahora mismo, por la fe, confiese a Jesús como su Sanador, así como lo proclamó Señor sobre su vida. Haga a Jesús el Señor de su cuerpo de acuerdo con Romanos 10:10: *De acuerdo con la*

Palabra de Dios, confieso con mi boca que Jesús es el Señor. Confieso ahora que Él es mi Sanador. Lo proclamo Señor sobre mi cuerpo. Creo en mi corazón que Dios le resucitó de entre los muertos. Y a partir de este momento, mi cuerpo es salvo, sano, íntegro y libre.

Resista la tentación de estar enfermo, así como resiste la tentación de pecar. Quizá se escuche muy simple, pero funciona porque en la Palabra se nos enseña: «*...resistid al diablo, y huirá de vosotros*» (Santiago 4:7).

Satanás es la fuente de la enfermedad. Cuando el enemigo intente poner enfermedad en su cuerpo, recházcela en el nombre de Jesús. Pues no es la voluntad de Dios que usted esté enfermo. Tan pronto como sienta la mínima sospecha de que Satanás trata de poner enfermedad sobre usted, busque 1 Pedro 2:24, y lea esta cita en voz alta. Recíbala en fe y agradézcale a Dios porque por Su herida usted fue sanado.

Usted tiene la oportunidad para estar «*...firmes en la libertad con que Cristo nos hizo libres...*» (Gálatas 5:1). Con Su nombre, Su Palabra, Su Espíritu y Jesús como su Sanador; usted puede disfrutar salud divina.

Para obtener resultados, debe creer que **cuando ora** recibe su sanidad —no después de que se sienta bien—. Usted debe unirse a Abraham, quien no consideró su cuerpo, sino lo que Dios le dijo (Romanos 4:19).

Los síntomas de la enfermedad pueden persistir después de creer que recibe su sanidad. Éste es el momento en que debe aferrarse a una confesión audaz de la Palabra: "Por tanto, no desechen su valiente confianza porque ésta trae una grande y gloriosa compensación como galardón. Pues ustedes tienen necesidad de paciencia firme y resistencia para que puedan hacer y cumplir totalmente la voluntad de Dios, y así recibir y llevarse [disfrutar a plenitud] lo que ha sido prometido" (Hebreos 10:35-36, *AMP*).

No permita que Satanás le arrebate su audaz confianza en la Palabra. Esto es andar por fe y no por vista.

E. W. Kenyon enseña que existen tres testimonios cuando se trata de recibir sanidad: la Palabra, el dolor o la enfermedad, y usted. **Usted** representa el factor decisivo. Si usted une su confesión con el dolor, está anulando la Palabra que afirma que ya es sano. Si alinea su confesión con la Palabra de Dios, entonces tendrá que anular el dolor.

En la Biblia se nos enseña que a través de dos testigos lo que se dice queda establecido. La decisión es suya. Si está de acuerdo con el dolor y la enfermedad, éstas lo gobernarán. Pero si está de acuerdo con la Palabra y con la sanidad, éstas establecerán su sanidad. Las circunstancias seguirán a sus acciones y a sus confesiones.

Con firmeza y con paciencia sepa que la Palabra de Dios **no falla**. Niéguese a ser movido por lo que ve. Pues la Palabra cambiará lo que puede ver. Sea movido por la Palabra y por su confesión de que Jesús es su Sanador.

Satanás ya intentó decirle que usted no fue salvo. Y se acercó a los nuevos cristianos tratando de hacerlos dudar de su salvación. Ahora, sus síntomas de dolor o fiebre tratan de convencerlo de que no es sano. Por tanto, permanezca firme en el conocimiento de la Palabra.

Jesús le indicó al noble: «*Tu hijo vive*», y en la Palabra leemos que el muchacho **comenzó** a recuperarse **desde ese momento** (Juan 4:51-53).

Cuando usted cree que recibe sanidad, puede ser sanado al instante; o quizá deba permanecer firme en el pacto de sanidad, aunque su cuerpo no se **sienta** sano. Una cosa debe saber: Cuando cree que recibe, la sanidad comienza a manifestarse en su cuerpo. Dios sólo puede cumplir Su pacto de sanarlo si usted ha cumplido las condiciones de ese pacto.

Usted está aprendiendo a ser movido por la Palabra, en lugar de lo que ve o siente. Es así como obra la fe. Usted se está convirtiendo en el hombre o la mujer de fe que ha deseado ser.

Su fe se hace más fuerte cada vez que la utiliza para actuar conforme a la Palabra.

A medida que aprende a permanecer contra Satanás y contra sus síntomas, descubrirá que cada vez se le hace más fácil. Sin embargo, ninguna fórmula funcionará de manera efectiva a menos que ejerza de continuo la fuerza de la fe cuando se alimenta de la Palabra.

> *Su fe se hace más fuerte cada vez que la utiliza para actuar conforme a la Palabra.*

Si se alimenta de forma constante de la palabra, llegará al punto en que tan sólo con leer 1 Pedro 2:24, recibirá su sanidad; luego le dará gracias a Dios por Su Palabra de sanidad, y seguirá con su vida.

Referencias

1. Vine, W.E., *Diccionario expositivo de palabras del Nuevo Testamento*, (Old Tappan, N.J.: Flemming H. Revell Company, 1966), Vol. II p. 257.

2. Bosworth, F.F., *Christ the Healer*, p. 6.

3. Kenyon, E.W., *Jesus the Healer*, (Seattle, Wash.: Kenyon's Gospel Publishing Society, 1940), p. 61.

4. Vine, W.E., *Diccionario expositivo*, Vol. I, p. 218.

5. Vine, W.E., *Diccionario expositivo*, Vol. III, p. 60.

Oración para recibir salvación y el bautismo del Espíritu Santo

Padre celestial, vengo a Ti en el nombre de Jesús. Tu Palabra dice: «Y todo aquel que invocare el nombre del Señor, será salvo» (Hechos 2:21). Jesús, yo te invoco y te pido que vengas a mi corazón y seas el Señor de mi vida de acuerdo con Romanos 10:9–10: «Que si confesares con tu boca que Jesús es el Señor, y creyeres en tu corazón que Dios le levantó de los muertos, serás salvo. Porque con el corazón se cree para justicia, pero con la boca se confiesa para salvación». Yo confieso ahora que Jesús es el Señor, y creo en mi corazón que Dios le resucitó de entre los muertos.

¡Ahora he nacido de nuevo! ¡Soy cristiano, hijo del Dios todopoderoso! ¡Soy salvo! Señor, Tú también afirmas en Tu Palabra: «Pues si vosotros, siendo malos, sabéis dar buenas dádivas a vuestros hijos, ¿cuánto más vuestro Padre celestial dará el Espíritu Santo a los que se lo pidan?» (Lucas 11:13). Entonces te pido que me llenes con Tu Espíritu. Santo Espíritu, engrandécete dentro de mí a medida que alabo a Dios. Estoy plenamente convencido de que hablaré en otras lenguas, según Tú me concedas expresar (Hechos 2:4). En el nombre de Jesús, ¡amén!

En este momento, comience a alabar a Dios por llenarlo con el Espíritu Santo. Pronuncie esas palabras y sílabas que recibe, no hable en su idioma, sino en el lenguaje que el Espíritu Santo le da. Debe usar su propia voz, ya que Dios no lo forzará a hablar. No se preocupe por cómo suena, pues ¡es una lengua celestial!

Continúe con la bendición que Dios le ha dado, y ore en el espíritu cada día.

Ahora, usted es un creyente renacido y lleno del Espíritu Santo. ¡Usted nunca será el mismo!

Busque una iglesia donde se predique la Palabra de Dios valientemente, y obedezca esa Palabra. Forme parte de la familia cristiana que lo amará y cuidará, así como usted ame y cuide de ellos.

Necesitamos estar conectados unos con otros, lo cual aumenta nuestra fuerza en Dios, y es el plan del Señor para nosotros.

Adquiera el hábito de ver el programa de televisión *La voz de victoria del creyente*, y vuélvase un hacedor de la Palabra. Usted será bendecido al ponerla en práctica (lea Santiago 1:22–25).

Acerca de la autora

Gloria Copeland es una destacada autora y ministra del evangelio, cuya misión de enseñanza es conocida a nivel mundial. Los creyentes de todas partes del planeta la conocen por medio de las convenciones de creyentes, las campañas de victoria, artículos de revistas, audios y videos de enseñanzas, y a través del programa de televisión *La voz de victoria del creyente* que se transmite de lunes a viernes y los domingos. Ella presenta el programa junto a su esposo Kenneth Copeland. Gloria es conocida también por La escuela de sanidad que inició en 1979 en las reuniones de KCM. Enseñando así cada año la Palabra de Dios a millones de personas, y compartiendo las claves de una vida cristiana victoriosa.

Gloria es la autora del libro *God's Master Plan for Your Life*, el cual es el *best seller* del *New York Times*, así como también de numerosos libros entre los cuales se incluyen: *God's Will for You* [La voluntad de Dios para usted], *Walk With God, God's Will is Prosperity* [La voluntad de Dios es la prosperidad], *Hidden Treasures* y *To Know Him*. Ella y su esposo han sido coautores de diversos materiales entre los que figuran: *Family Promises* [Promesas para la familia], *Healing Promises* [Promesas de sanidad] y el *best seller* devocional diario *From Faith to Faith* [Crezcamos de fe en fe: Una guía diaria para la victoria] y *Pursuit of His Presence* [En búsqueda de Su presencia].

Gloria tiene un doctorado honorífico de *Oral Roberts University*. En 1994, recibió la distinción de *Mujer cristiana del año*, un reconocimiento que se otorga a mujeres cuyo ejemplo de liderazgo cristiano es excepcional. También es cofundadora y vicepresidenta de los Ministerios Kenneth Copeland de Fort Worth, Texas.

Adquiera más información acerca de los Ministerios Kenneth Copeland, visitando nuestra página web es.kcm.org.

Cuando el SEÑOR le indicó a Kenneth y Gloria Copeland que iniciaran la revista *La voz de victoria del creyente...*

Les dijo: *Ésta es su semilla. Envíensela a todo el que responda a su ministerio, y ¡jamás permitan que alguien pague por una suscripción!*

Por casi 40 años, ha sido un gozo para los Ministerios Kenneth Copeland llevarles las buenas nuevas a los creyentes. Los lectores disfrutan las enseñanzas de ministros que escriben acerca de vidas en comunión con Dios, y testimonios de creyentes que experimentan la victoria en su vida diaria a través de la Palabra.

Hoy, la revista *LVVC* es enviada mensualmente por correo, llevando ánimo y bendición a los creyentes de todo el mundo. Incluso muchos de ellos la utilizan como una herramienta para ministrar, se la obsequian a otras personas que ¡desean conocer a Jesús y crecer en su fe!

Solicite hoy una suscripción GRATUITA para recibir la revista *La voz de victoria del creyente!*

Escríbanos a: Kenneth Copeland Ministries, Fort Worth, TX 76192-0001.
También puede suscribirse llamándonos al **1-800-600-7395** (Sólo en EE.UU.)
o al **1-817-852-6000**.

¡Estamos aquí para usted!®

Su crecimiento en la PALABRA de Dios y su victoria en Jesús son el centro mismo de nuestro corazón. Y en cada área en que Dios nos ha equipado, le ayudaremos a enfrentar las circunstancias que está atravesando para que pueda ser el **victorioso vencedor** que Él planeó que usted sea.

La misión de los Ministerios Kenneth Copeland, es que todos nosotros crezcamos y avancemos juntos. Nuestra oración es que usted reciba el beneficio completo de todo lo que el SEÑOR nos ha dado para compartirle.

Dondequiera que se encuentre, puede mirar el programa *La voz de victoria del creyente* por televisión (revise su programación local) y por la Internet visitando kcm.org.

Nuestro sitio web: **kcm.org,** le brinda acceso a todos los recursos que hemos desarrollado para su victoria. Y, puede hallar información para comunicarse con nuestras oficinas internacionales en África, Asia, Australia, Canadá, Europa, Ucrania, y con nuestras oficinas centrales en Estados Unidos de América.

Cada oficina cuenta con un personal dedicado, preparado para servirle y para orar por usted. Puede comunicarse con una oficina a nivel mundial más cercana a usted para recibir asistencia, y puede llamarnos para pedir oración a nuestro número en Estados Unidos, 1-817-852-6000, ¡las 24 horas del día, todos los días de la semana!

Le animamos a que se comunique con nosotros a menudo y ¡nos permita formar parte de su andar de fe de cada día!

¡Jesús es el SEÑOR!

Kenneth & Gloria Copeland

Kenneth y Gloria Copeland

CPSIA information can be obtained at www.ICGtesting.com
Printed in the USA
LVOW070602260313

326020LV00001B/15/P